JN440014

아득한 세월

時雨 신경순

인사말

봄, 여름, 가을, 그리고 겨울을 보내고, 도시와 시골, 산과 바다, 들판을 다니면서, 순간순간 느낀 것을 하나씩 적어 두었던 일상을 정리하여 이렇게 시집을 출판하게 되었습니다.

사랑과 이별, 행복과 불행, 아름다움과 미움, 즐거움과 슬픔들이, 독자 여러분들 삶의 가장 소중하고 가치 있는 주제가 되었으면 합니다.

이 메마른 세상, 세월 속에서 시가 조금이나마 생활의 활력소가 되어 이야기를 나눌 수 있을 때, 세월 속 이야기를 함께 읽고 함께 좋아하며 이야기할 때, 우리 사회는 한층 자연 속 세상으로 돌아갈 것입니다.

이 시집에 담긴 90여 편, 세월의 시를 읽고서 진정한 인간의 의미와 가치를 절실히 느낀다면, 이러한 것들을 더욱 소중히 여겨야 한다는 생각을 품게 되겠지요. 이것 또한 그립고, 애원하며, 갈망하고, 고귀한 사랑으로 행복한, 아름다운 삶이라 할 것입니다.

몇십 년 동안 한편 두 편 쓴 것들이라 한 권의 책으로 될 것 같지는 않았지만, 한 권의 시집을 마주하는 모든 이에게 아름다운 사랑이 가득하기를 바랍니다.

2014년 10월 어느날

時雨 신경순

contents

인사말

1부 • 작은 소망

도라지꽃 • 8 / 겨울 속으로… • 10 / 민들레 • 12 / 명상 • 14 / 산 고개 • 16 / 봄님 • 18 / 만남 • 19 / 미향 • 21 / 기러기 질서 • 23 / 봄의 미초 • 24 / 뚝섬 유원지 • 25 / 望(망) • 27 / 바람 • 28 / 가을 위에서 • 30 / 가을 친구 • 31 / 남산사계 • 32 / 훈이의 사계 • 33 / 5월이란 • 34 / 석양 • 35

2부 • 나의 정

나의 정 • 38 / 흘러간 세월 • 41 / 이별 • 43 / 무정 • 44 / 방황 • 46 / 하나의 望葉(망엽) • 48 / 心身(심신) • 50 / 나만의 독배 • 52 / 장마 놈 • 54 / 동행 • 56 / 가을 친구 • 58 / 혼자의 한가위 • 60 / 잡초인생! • 61 / 가을 뜨락에서 • 63 / 옛님 생각 • 65 / 옛님 • 66 / 님의 소망 • 67 / 남산길 • 69 / 섣달을 보내면서 • 70 / 새해의 막걸리 • 72 / 예안이 있던 곳! • 74 / 봄 놈 • 76 / 동구 밖 고향 • 77 / 산골짜기 • 79 / 여인의 소리 • 80 / 님의 그림자 • 82 / 봄의 길목! • 85 / 캐디 • 86 / 예안 • 88 / 고향의 정 • 90 / 고향의 장날 • 92

3부 • 가을이 오기 전에

가을이 오기 전에 • 96 / 마음의 풍경 • 98 / 세월 속으로 • 99 / 남산의 가을 • 101 / 그리움 • 103 / 달력 장의 낙서 • 105 / 고향 친구 • 107 / 무제 • 109 / 法古創新(법고창신) • 111 / 연 • 112 / 그리움 2 • 114 / 사진첩 • 115 / 소망 • 116 / 그대 곁으로 • 118 / 고향의 설맞이 • 119 / 바램 • 120 / 3월에 • 122 / 서울의 명가촌 • 124 / 봄날의 이별 • 126 / 어느 결혼기념 • 128 / 청계 황학장터 • 130 / 오계 • 133 / 봄의 告(고) • 134 / 초가집 가족 • 135 / 풀잎 사랑 • 137 / 나비 인생 • 139 / 잔디밭에서 • 141 / 갑천골 • 143 / 여인 골짜기 • 145 / 어느 모임 • 147 / 선배님 • 149 / 각 • 151 / 작은 소망 • 152 / 기다림 • 154 / 님의 술잔 • 155 / 숙에게! • 157 / 태양아 • 159 / 아득한 세월 • 161

.1부.

작은 소망

도라지꽃

돌담 밑 곱게 자란
한두 포기 도라지꽃

수년을 그렇게 자라도
뉘 하나 반기는 이 없는데…

흰 꽃이 소년의 마음을
당겨 보라색으로

잎줄기 마디마다 올라온 꽃대에
손이 가 마음으로 당긴다.

사랑해 볼까 하다가
한 걸음 물러나

돌아서 가려고 하는데
보라색이 꽃잎 웃음 쳐

백색 꽃잎으로 다가가
나도 살포시 눈웃음쳐 본다.

너만을 사랑한다고 손을 내밀어
꽃잎 얼굴에 입맞춤하니,

참으로 고귀하고
아름답구나

사랑한다 고마워라.
도라지꽃 님이여.

겨울 속으로…

문풍지 우는 소리에
님도 오고 가고…

긴–밤 엮어
우리네들 속으로…

군고구마 따스한 것처럼
그날이 있었네…

섣달그믐 밤에
옛 얘기 망년하세…

* 내일의 닭보다 오늘의 달걀 – 영국 속담

민들레

그저 쓸모없어 보이는 민들레
화려하지도 않고,

찬란하지도 않고,
고귀하지도 않고,

그저 길가에 버려진 꽃
한 포기 민들레…

봄철 길가에 하얗게 핀
꽃잎은 순순한 마음을 주고,

길가에 자란 잎은
모진 풍파 다 지니고,

길가에 자란 뿌리는
지난 세월 말하노라.

* 도시가 꽃이라면 농촌은 뿌리로다. 뿌리가 마르면 꽃은 어이 필쏘냐.
자– 그러니까 한적한 시골이 좋소.

– 명훈 철학

명상

저 멀리서 소슬바람이 불어와 내 가슴속 깊이 스며들어
도시의 해묵음을 씻어 내려 주는데 어이 명상이 되지 않는가?

내 가슴속 깊이 들어와
도심 속에서 쌓인 것들을 한숨에 들이켜 싹 녹여버리고,

또 한숨 들이켜 내일을 축적하고,
또 한숨 들이켜 내 가슴속 깊이 뼛속까지 스며드는데,

저 건너 스님은 중생의 업으로 염불에 몰두하는데,
이내 몸은 잡념으로 번뇌하는데,

어찌 참선이 그리 어려운고
삼라만상 좁다 하고 이내 가슴 좁다 하는구려!

한 치 앞을 못 보면서 훗날을 바라볼 수 있을 소냐?

어진 맘 되려 하여도 인과 연을 못한 놈 어디로 가야하나.

* 어느 5월 어느 날 평창 어느 암자에 가부좌를 틀고 참선의 들어가면서

산 고개

고마운 님 만나려
산 고개로 가
세상을 하얀 도화지로 만들고,

마음 속 다 비우고
아름다운 계절을
고운 님 그림 그려 보세.

나보다 당신이
멋진 봄을 색칠하게,
빨강, 노랑, 파랑으로…

아랫마을 산야풍경
이곳에 색칠 더해
마음속 그린 그림, 하늘 높이 비쳐보면

저 산 너머 풍경 소리
이내 속 깊이 파고드는
산 고개는 아름다웠다오.

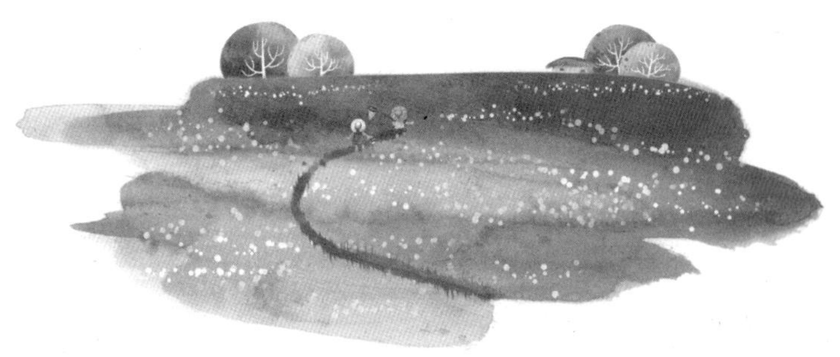

봄님

연꽃차 한 잔 들고 뜨락에 나가니 기분 죽이네
봄이란 놈이 나를 맞아 줘
내일 없다 한들 어떠하리.

연녹색 단장하고 봄님 마중 가는데,
심술쟁이 비바람이 오는 길 막아서도
거기 비켜라 꽃님 피우리라.

봄비 마중이 너희 어깨를 적시듯
가시던 길 돌아서 보노라면
새싹이 님을 반기듯이 솟아나

가버린 님 기다리다 지쳐
오는 님 기다림에 지쳐 누워
그래도 꽃님은 봄 속으로…

만남

울 밑 난초가 살며시 고개를 내밀 때
님의 옆모습을 보았네

낯설지 않아 웃고 있다네
꽃 향내음 며칠을 지나야 하지만

님의 웃는 모습 그리워 동무를 두었지
혼자보다 둘이 있다네.

고마워라 촌놈들아!
오랜 만남은 세월을 말하고

머리 위 하얀 밀가루는 세월을 만들었고
이마 위 계급장은 세월을 얻었지.

보는 듯 못 보는 듯 오늘 만남은 그리움이
깔깔거리는 옛 소리 만나러 가 보세.

햇살과 봄바람이 살며시
창가에 내려와 기다림 속으로 들어가네!

미향

꽃들아 너는 번뇌를 겪었니
벌 나비가 찾아 줄 때는 알지만

향기를 잃을 때는
님도 모른다오

개똥벌레는 향기를 모른다오
소똥벌레는 사막에서도 집 짓는데

향기는 꽃에서만 나느냐
아니 아닐 걸세 취한 데 있다 하오

수줍게 웃던 장미 향내음도
시들면 똥 냄새

향기롭지 못한 개똥 냄새도

세월 지나 섞으면 농부는 꿀 냄새

* 술 취한 사람은 凡人(범인), 超人(초인), 非人(비인).

기러기 질서

한강 다리 위 나는 저 기러기 보소
앞에 나는 저 기러기
아가들아 따라오라
좌우상하 속도 조절 날개 펼쳐라

아래쪽 도로 위에 사람들 보소
이놈 저놈 할 것 없이
끼어들기 명수로다
천방지축 들쭉날쭉 그 길은 무슨 길이오

봄의 미초

남산의 개나리꽃과 벚꽃은
님을 보내는 마음이지만

연한 새잎은
봄을 재촉한다오.

내 마음은 얼었어도
땅속에서 움터 오르는 節(절)은 님을 알까 하오.

그래 그래 땅속 움터 오르듯이
님과 나도 움터 보자꾸나.

뚝섬 유원지

한강 바람이 분다
뚝섬으로 날아간다

산들거리는 여인들!
그 님도 산들거리네!

강 넘어 강남은 우리 동네
강 앞 유람선은 님을 태우고,

강가에 앉아 옛 얘기 나누어
그 님은 오신다던데

바람 곁에 있는 갈매기는
우리를 보았는지

주옥같은 연민들이
한 폭의 그림을 그리네

살랑살랑 여인의 치맛자락
나뭇잎 나부끼듯 님을 부른다.

望(망)

춥디춥다 하지 말고
덥디덥다 하지 마소.

긴- 소매 입었소
짧은 소매 입었다

주변의 소리 들어 보았소
행복의 소리 아니 들리는가?

오늘 칠월칠석 견우직녀 만나는 날
은하수 푸른 길 오늘은 아니 되겠소

하늘도 무심하도다
심술궂은 구름이

동창으로 만남을
오늘은 허락할까?

바람

바람이 분다.
선선한 바람이 온다.
나도 바람이 인다.

들녘에는 황금바람이
그대 곁엔 연분홍바람이
내 곁엔 회오리바람이

황금바람이 지나간다.
연분홍바람이 사라진다.
회오리바람이 일으킨다.

지나간 바람 뒤에는, 슬픔이
사라진 바람 뒤에는, 애정이
일으킨 바람 뒤에는, 열정이

풍아! 슬픔 앞에 즐거움이 있다.

풍아! 애정 앞에 행복이 있다.

풍아! 열정 앞에 성공이 있다.

가을 위에서

기다란 가로수가 늘어선 길!
거니는 곳마다 낙엽은 바스락거리고
시원한 산들바람이 내 얼굴을 스쳐 갈 때면
당신에게는 아름다운 계절이고
내게는 쓸쓸한 계절로 남지만

가을날의 아름다움보다, 세상의 아름다움일 것이고
내가 지칠 때 따스한 손길을 내밀고
내가 기쁠 땐 나보다 더 기뻐하여 준
고맙고 소중한 사람들이 그대 곁에 있어
더욱 아름다운 세상이라 생각이 드는…

가을 하늘에 짙게 물든 노을과
가을 산에 짙게 물든 단풍처럼
너와 나의 인생도 겨울에 따뜻한 사랑으로
물들어 이어져 갔으면 참으로 좋겠다.

가을 친구

하늘엔 뭉게구름이
친구 꿈의 그림을 그리고

옆 새털구름 조개구름 장단 맞추어
가을 노래 부르는데!

어찌 친구는
이 좋은 계절 그냥 보내려 하오

아름다운 이 계절이 떠나기 전에
막걸리 한 사발 나누시구려

남 산 사 계

올봄
개나리 진달래는 어디 가고

지난여름
무성한 숲은 온데간데없고

지금의 가을
색동 단풍잎은 여기로다

다음 겨울
하-얀 눈 덮인 봉우리는 다가온다

훈이의 사계

올봄 새싹 움이 내밀 때,
난 새싹처럼 희망으로 들떴지.

올여름 무성한 나뭇잎 사이를 걸을 때,
난 너와 같이 활력을 찾았지.

올가을 누런 들판 위를 거닐 때,
난 풍요함을 가졌지.

지금 마지막 달력 한 장을 바라보노라면,
가슴속 깊은 곳이 쓸쓸하다 못해 텅 빈 것 같구나.

5월이란

5월 오기도 쉽지만 가기도 쉽게 가는구나

5월 오직 하나밖에 없는 딸은 어디에!

5월 오빠 따라 강남 간 거겠지?

5월 오색 치마 갈아입고 가정을 생각해 보니

5월 오순도순 살고파라 가정의 달 우리 집은?

5월 오만 가지 다르다 해도 우리 집만 못 하더라.

5월 오랜만에 만나 옛 얘기 하여 보자꾸나.

5월 오-오 5월 꽃향기에서 6월 여름 속으로 사라진다.

석양

서산 너머 들녘
보리밭 사이 너울이
망아지 보리 싹 그리워하듯
발길 못 옮기는데

농부여!
아랫마을 목동을 못 보았는가?
노을은 지는데
놈은 오지 않고

목동은
꿀잠에서 깨어나
서산 너머 비치는
석양 아쉬워하며

망아지 소리가

서산 넘어가는 길이

목동은 울었다

집으로 가는 길이 아쉽구나!

.2부.

나의 정

나의 정

바람이 오나 보다.
나를 맞으러 오나 보다.
무얼 전하려!

지난 세월을 안고 간다.
정으로만 남기고
뒤를 돌아보지도 못하고 간다.

나를 미움으로 남기고,
가버린 딸도!
원망으로만 쌓였다.

긴긴 세월 함께 보내던
멀어져 가는 아내도!
정으로부터 떠나간다.

정성으로 닦은
군인의 아들도!
모두 나를 버리고 가버린다.

우정으로 의리를 남겼던 친구들도!
상인의 상혼을 지키던
그들 모두 가버린다.

정의로 살아온
사회의 지인들도!
모두 가버린다.

내 잘못만 남기고
하나의 눈총도 없이
그저 가버린다.

남기고 간 것 하나
아무 쓸데없는
더러운 정뿐이더라.

술잔으로 기울였던
그때의 정으로부터
그들은 떠나갔다.

따스한 바람이 불어오던 날
님이 살며시 다가왔지만,
이젠 그 님도 떠났나 보다.

흘러간 세월

왔다고 할지라도
돌아갈 수 없는 그 길

하늘 끝까지
꿈을 맘에 안고서

오가는 구름은
흘러 흘러가도

그 길을 혼자서 떠나가네
흘러간 세월처럼!

왔다가 갈지라도
자취도 없는 그 길

돌아갈 수 없는 이 길
꿈만 맘에 안고서

설움을 달래며
울면서 떠나가도 그 길을

둘이서 돌아옵니다
흘러간 세월처럼

이별

맺을 수 없는 너였기에
잊을 수 없었고,

잊을 수 없는 너였기에
괴로운 것은 나였다.

그리운 것은 너
괴로운 것은 나

서로 만나 사귀고
서로 헤어짐이

모든 사람의 일생이려니!
그래도 세월은 흘러간다.

그래도 내 인생은 늙어간다.
그래도 세상도 돌아간다.

무정

청량한 마음이 죽어가는
心思(심사)의 날개를 한없이 젓노라면
두멧골 색시가 눈물을 흘리네…

머물 곳 없이 흘러가는 저 냇물아
내 마음 저 물가에 씻어 보노라면,
먼 옛사랑이 그리워 하염없이 가노라.

먼 옛날 당신을 그림자로 그려 보았노라.
눈 코 입 낯을 알고 있지만 이젠,
그 옛날 추억은 헌 휴짓조각만으로…

마음속 울먹이던 서러움이 담겨
그 가슴 속 깊이 사무친 내 사랑과
젊음의 가슴속 깊이 사무쳐 오네.

생활 속에서 허덕이던 젊은이들이여!
울먹이던 젊음 가슴을 움켜쥐고
아침 햇살처럼 눈부시게 비춰 보아라.

기막히던 그 날은 서러울 것 없다지만,
당신은 멀리서 손짓만으로 안녕을 청하니
나는 울먹이네.

방황

푸르름이 검다 마오
솔길 건너에는 너
흐림의 도시 길을 헤매는 나

당신은 청량한 산 설악산으로 떠나고
나는 홀로 매연 속에서 소주 한 잔 기울이고
어쩜 당신과 나는 서로 다른 길을 가나 보다.

그게 하루 이틀이 아니었지.
당신은 심신 산골에서 지인들과 情談(정담)을 나누고
나는 막장골 속에서 술잔에 얼굴을 담그고

우울증을 풀고 나면 나도 할 말이 있다오.
옛날 홀연히 떠난 그 님을 만나고 싶다오.
그 님은 이젠 아니지만…

그래도 심심 계곡에서 둘 마주 앉아
시냇물에 발 담그고, 뛰는 가슴 억제하면
둘 다 같은 것이 벗님이려나.

하나의 望葉(망엽)

혹! 내가 죽더라도
남에게 알리지 말라!
나는 그들에게 무거운 짐을
지게 하기가 싫다!

내가 떠나는 것은
내 자람의 끝이요!
더 이상의 가짐이 없기 때문이다!
지인들이여! 슬퍼하지 말아다오!

불쌍히 여기지 말며
즐거워하지도 마소!
너와 내가 가는 길이
어차피 다르기 때문이오!

내가 태어난 것은
저 老松(노송)의 작고 작기만 한
솔잎 하나에 불과하니
그 무엇 하나 있다 하오!

노송의 긴 세월 속에 파묻혀
솔잎 하나가 얻은 것 하나 무엇 있소!
떨어져 낙엽이 되어
마지막으로 할 일을 다 했을 뿐이다.

心身(심신)

내 자람을 나밖에 모르는
별 빛 선연한 밤에
심신을 坐像(좌상)하니,

그리운 님, 알가 모를가?
그리웠던 맘도 곁을 떠나버려도
원망도, 후회도 하지 말자.

네 갈 길이 그곳이면,
내 갈 길은 이곳이련다.
내일이면 단오절!

춘궁에 떡 먹고,
술 한 잔 기울이면 좋건만!
어이 회갑, 진갑 혼자 보내고 나니

이대론 아니 된다 싶어
내가 청산하니 얻은 것이 무엇인고,
心身(심신)만이 露積(노적)이고

한없이 서글프고, 서글퍼라.
두메산중 논두렁길을
담봇짐 걸터 메고 移積(이적) 길 떠나니

심신이 비바람에 날려도 참고 참아 왔지만,
황금이 무슨 소용 있소.
昨今(작금)의 家勢(가세) 기우나니 이것이 善人道(선인도)이냐.

나만의 독배

오늘도 혼자 먼 길을 가나 보다.
당신은 오늘 일찍 먼 길 떠나
우린 서로 다른 길을 가고 있다.

머지않아 서로 다르게 가더라도
그러면 아니 되겠지만 가고 있다.
당신은 행복의 길! 나는 방황의 길!

당신은 喜喜樂樂(희희낙락)으로
나는 孤獨孤事(고독고사)로
이 모든 것을 버리고 싶다.

내 불행이 당신 행복이라면
나는 외길을 간다.
그대 그 길이 좋으면 가는 길이 옳다.

서로가 아름다움이 있다면
행복의 길
그 길을 가 보자꾸나.

이것이 나를 자꾸만 엄습하는 것이
모르긴 해도 당신이 향기가
예전과는 너무나도 다른가 보다.

장마 놈

아침저녁, 하루 이틀 아닌
그저 양동이로 내리붓는 듯,

그래도 7월의 장마는
내 마음을 씻어 주듯,

끈적끈적한 느낌도 없고
후덥지근한 느낌도 없애고,

상큼한 마음으로 오늘 장마는
당신 곁을 떠나나 보다.

장마란 놈은 그것만은 아닌가 보다.
산비탈 노부부 집을 덮쳐 살상을 내고

들녘을 덮쳐 애써 가꾸어 놓은
농부의 가슴을 한탄으로 만들고,

정선의 섶다리는 온데간데 없고
윗동네 꼬맹이 봉덕이와 덕자는

오늘내일 학교도 못 가게 하고
건넛마을 아낙네 장에도 못 가네.

아랫마을 영감님 주막집 못 가서
마누라 밥상머리 한탄하네.

동행

혼자 가는 길!
뒤따라오는 사람 없는 길!

부름 소리 인기척 없는 곳 옛 배성의 숙
숨죽이며 고요 속의 동행을 청하니,

내 어이 같이 가지 않으리
쓰디쓴 술잔을 기울여 어제 일을 알고 보니,

내 안구에는 샘물이 넘쳐흐르는데,
부딪치는 술잔이 동행으로 가는 길…

어제의 아픔을 뒤로 한 채
너와 나는 동행하여야 하나

내가 가는 길에 동행자가 있으니,

양어깨 무거운 짐 내려놓아 가벼운 동행 길!

그림자(뒤돌아보다) 보게나 오늘 맞은 이슬 자리가

내일 맞을 행복이었다면 참 좋겠다.

동행……

가을 친구

국화꽃 향기에
그대 마음 향이 그리워

갈대밭 바람 소리에
그대 사랑 소리 그리워

산길 낙엽에
그대 블라우스 색이

가는 세월 앞에
지나온 정이

지나온 세월 뒤엔
인생의 주름살이

높다란 가을 초입에 우리들 세상이

참으로 아름다웠다고

. . . . !

혼자의 한가위

황금 들판 위의 둥근 보름달이
풍성함을 더하는 한가위

온 가족과 정다움을 나누는
넉넉하고 풍요로운 추석 연휴!

이는 홀로 산사에 앉아
나뭇잎 사랑에 잠기노라!

세월을 이렇게 보내는
노신사의 외로운 길을 가야만 하나 보다.

잡초인생!

그대를 알고부터 연민의 情(정)을
혼자 보기에 아까워라.
참으로 淸(정)스럽고 聖(성)스러운 그대!

그대 이름 모르는 나!
난 오늘 시골의 아름다움과
야생화가 더욱 곱다는 것을 알았네.

아침 이슬만 먹고 사는 너지만,
폭풍과 지진이 지나간 들판에서도
그대 야생화는 오늘따라 향내음 더 한다네.

松竹(송죽)
보다 강인한 이름 모를 야생화 그대.
우린 그렇게 알게 되었고,
앞으로 변함없는 둘 사이

서로가 즐거울 때, 슬플 때,
외롭고, 괴롭고, 쓸쓸할 때도
서로를 이해할 수 있기를!

우리 바람 불어 좋은 날들만이
우리들의 老松(노송) 인생길이었다네.
길고 긴 길을 그대와 함께 영원하리라.

가을 뜨락에서

가을날의 아름다움만이 아닌
세상이 아름다운 것처럼,

기쁠 때 나보다 더 기뻐하고
지칠 땐 따스한 손길을 내미는

고맙고 소중한 사람들이 내 곁에 있어
아름다움 세상이었다고.

늘어선 가을 가로수 길을
바스락거리는 낙엽 소리가 들리는 그 길

시원한 산들바람이 얼굴을 스쳐 갈 때면
참으로 아름다운 계절이 평화로워 보여,

가을 하늘 짙게 물든 노을처럼
우리들의 인생살이도 따뜻한 사랑 속으로

정으로 물들어 가기를 바라며
그대와 마주 앉아 사랑 색칠이나 하세.

옛님 생각

가을이란 문턱에서 우리 만나
산들바람 스치듯

그대와 나 하나의 되어
가을 그림 그리는 듯이 걸어

덕수궁 돌담길 골목을 돌아
추억 속으로 가는 길을 술잔에 담아

시청역 출구 나와
그대 손 꼭 잡고 함께 걸으면

가을이란 이불 속에서
옛 얘기 속삭임이 한 장의 시가 되어

오늘이 있어 좋건만
내일은 바람 불어 좋건만…

옛님

연 이은 님 기다려도 소식이 없네
그대는 몰라
덕수궁 돌담길 잊었네.

길 잃어 남산으로 가네
그림자 보기에 부끄러워
나는 돌아가네.

이젠 옛날처럼 홀로 가려나 보다.
그대는 몰라
나도 잊으려나 보다.

그대 돌아서지 말아다오
바람은 그렇게 내 옷깃을 스치고
서로 가는 길을 이다지도 못 잊는가 보다.

님의 소망

덥다고 야단법석이던
그날은 가고

오늘 진한 녹색이
이따금씩 퇴색되어 가는 이 절기에!

추분이란 계절
앞에 서면

왠지 가슴 두근거리며
덕수궁 돌담길이 생각난다.

긴 머리카락
바람에 날리며

살며시 다가와
살포시 손잡고

걷고 걷고 또 걷던
그 모습 속으로 눈을 감아 본다.

머지않아
붉은 단풍 낙엽이 뒹구는 날이

얼마 남지 않았다고
한숨 쉬지 말자고 하겠지만,

그래도 우린 세월 속으로
가야만 한다.

아름다운 언덕 위에서
그날을 기다려 보자꾸나

남산길

어제 내린 서리 못 이겨
그대는 진한 물감으로 변하고,

오늘 가는 길은
가슴속 깊이 오색 빛 물들어

너와 나 언제 만날는지 모르지만
참으로 아름답다고 하였나 보다.

봄날 새싹 트던 날처럼
난 꿈속에서 남산을 바라보았지

오늘 내일이 가고 모래도 가면
그대도 초록색을 갈아입지

가고 또 가면 그대는 무슨 색으로
아름다운 색으로 갈아입어 너를 반기노라.

섣달을 보내면서

또 한 해가 가버렸나 한탄하며
우울해 하기보다는,
남아 있는 시간들을 고마워하는 마음이

한 해 동안 사랑으로 함께한 시간이,
힘들고 슬프게 했던 일들을
선한 마음으로 보내는 것은…

마지막 남은 달력 장의 그림을
꿈속 세상에서라도 뛰우고 싶은
카드 한 장을 사랑하는 이들에게

맑은 마음으로
쓸쓸하고 고독한 밤을
빛나는 밤으로 이어가

묵은 달력을 떼어내고
가슴속 깊이 새겨
새 달력을 준비하며 조용히 맞이하자.

가라! 옛날이여!
오라! 새날이여!
모두가 필요한 고마운 시간 속으로!…

새해의 막걸리

지난해 아쉬워 말고
떠오르는 해 과대하지 말라.

人(인)은 낮은 자리에서
그대를 맞이하오.

그대 품은 꿈 원대하니
원년의 이룰 수 있는 것만 가져 보소.

오는 새해 첫날
막걸리 한 잔 어떠한지요.

흔들리는 사발 속 막걸리
목축이면서 새해의 다짐이

새해 달력 장 새 그림 새 글씨는
꿈을 가지고 맞이할 것이다.

그대는 알지 못하니
오늘 내일 모레 미래는 있다오.

내일이면 잊었다 하지 마오.

예안이 있던 곳!

바람이 인다.
내게도 바람이 인다.

고향을 바라본다.
나는 고향을 바라보았다.

예안을 바라본다.
나는 예안을 바라보았다.

꽁꽁 언 낙동강을 바라본다.
나도 꽁꽁 언 낙동강을 바라보았다.

언 땅에서도 온정을 느낀다.
나도 언 땅에서 온정을 느꼈다.

고향의 향기를 느낀다.

나도 고향의 향기를 느꼈다.

발자국을 남긴다.

나도 발자국을 남겼다.

고향이었다고!!

봄 놈

봄이란 녀석이 나를 불러와
돌 틈바구니에서도 봄을 노크하고,

작년에도 그랬듯이 작금에도 그럴 때
내 손 내밀려거든 이 손 보소 하고 웃어 보소.

여린 잎처럼 순한 마음 끌려 戀歌(연가) 수놓을 때
3월이란 節(절)은 참으로 너에게 봄의 박동소리라고.

봄바람 꽃향기 코끝에 맴돌 때
사연 듣고 달려간 바람이 낮잠 흔들어 깨우고,

세상의 옷깃 털 갈아 입을 때
그날을 그림 되어 화선지위에 함께 수 놓아보세!

고운님! 봄 마중 같이 가자…

동구 밖 고향

동구 밖을 바라보았다
아지랑이 피어오르는 아래 신작로길
먼 님! 그려 오늘은 오시려나
버선발의 손님!

안을리 초입은 그렇게도 정들었는데
가신 님은 언제 올는지 몰라도
옛 님은 오늘도 기다려지는데,
옛 얘기 전하는 오늘 짐은 무엇인고?

먼 하늘 아래 洞口(동구) 있다지만
안을리 동구보다는 넓어 보기가 싫어
꼬부랑길을 올라오면 백여 년 넘은
마을의 수호신 몇 그루 소나무

그 옆을 지키는 남자 바위 남근석은
오늘 우리들의 아들을 만들었고,
숱한 아낙네의 소원을
남편보다 남근석을 바라보고 살아왔단다.

샛강의 버들치는 어디로 가버렸는지,
옛적엔 고무신에 가득 잡아 닭, 돼지 먹이 주었지.
그 길 이 길, 다니면서 싸움도 많이 했다오.
그것들이 고향의 정이란 것인가?

산골짜기

봄이란 놈이 나를 불러
난 오늘 어느 길목에 서서

새싹의 움 소식 전하러 왔노라
그림자도 없는 어느 산골 아래

바람이 님의 소식 전하고
먼 안개는 갈 길을 막고

아랫동네 저수지는 얼음을 풀고
동면에서 깨어난 개구리는 물 위에 놀고

뒷산 들짐승들도 제짝 찾기 바쁘다.
다음 기약 날 묻지 마라.

봄이 오기 전에 안개꽃 맞으며
님 소식 전해 오길 기다리련다.

여인의 소리

한 장의 그림을 그려 벌판을 펼쳐
춘삼월 기지개 켜던 그 月(달) 지나

새싹이 소생하는 4월
냇가에 빨래 소리 어느 규수인가마는

곱디곱단 말인가?
울에 걸친 님의 빨래 곱기도 하여라.

곱게 자라 시집살이 억센 손등 주름 펼 날 없더란다.
시집살이 내 집 살이 친정 어미 찾지 마라.

시냇물이 바위틈 사이로 흘러내리고
산새가 음률을 낳고,

앞 냇가 송사리 떼는 숨바꼭질하듯
앞산 솔밭 평화로이 학 놀 듯,

서산 너머 해 떨어져 황혼을 물들게 하고
뒷집 꽃순이는 그 무엇 하나 없는,

순결하고 정성스런 마음 일생을 두고
두 번 가기 어려운 時間(시간)이 아닐는지

모질게 찬바람 불어도 헤어날 수 있고
어떤 돌변적인 苦(고)는 찾아볼 수 없는, 그런

해가 져도 달과 별이 없어도
光(광)을 낼 수 있는 윤택한 연인의 密語(밀어)가!

님의 그림자

바람이 인다
오른쪽 뺨 위를 스쳐 간다.
누가 기다리는 양 앉아

나도 모르게
님을 기다려 본다.
혹시나 하고

지나간 자리엔 자국마저 사라져 버렸지만
끙끙거리며 님의 혼을 찾았지만
그대는 보이지 않는다

그림자 그려!
님의 향기는 쉬 사라지지 않지만
바람이 날 날려 보냈지만

오늘만큼은

당신의 향기 맞으려

길목의 안내판이 되지 않으련다.

봄의 길목!

남산은 오늘 눈웃음치고
봄비가 살짝 내린 언덕 위에
새 옷을 갈아입으려나 보다

남산의 옷은 연두색으로
살며시 내보이면서 님을 바라보네
그는 남산에 바람 되어 숨었고,

개나리꽃 못 잊어
벚꽃으로 마중 나와
그는 진달래꽃으로 응하네

봄의 길목에 당신 기다림이
나도 연한 춘복 갈아입고
사랑의 고백 전하려 하네

캐디

당신은 동쪽 코스 나는 서쪽 코스
잔디는 그렇게 갈라놓았고

당신은 멋쟁이 신사와 함께
나는 젊은 캐디 아가씨와 함께

당신은 서쪽 바람 나는 동쪽 바람
당신은 퓨전이고 나는 그늘 집으로

당신은 웃음으로 나는 체력으로
저기 나는 기러기 보소, 여기 공 못 보았는가?

동쪽 하늘은 당신 것 서쪽 하늘은 내 것
동서로 갈라서서 해맞이하듯 오늘을 쌓아간다.

바람, 구름, 비,

그리고 당신과 나!

한 장의 하늘 도화지, 또 한 장의 땅 도화지에

초록 잔디밭 만년 달력 그려 보세.

예안

한반도는 요동쳤노라
백두산 높게 솟아올라
고려 태조 예안 명이로다.

태백산맥 길게 뻗어 내려
낙동강 굽이굽이 흘러내려 간 곳
고을 명지 예안을 지켜라.

宣城山(선성산)얼 여기 모아
길고 넓은 바다 같은 마음
예안이로다.

천지 동맥 한강보다 넓은 마을
낙동강 굽이굽이 치는 곳
예안이로다.

한양 장터 넓다지만

고을 명지 선성산 푸르른 곳

예안 장날만 못 하더라.

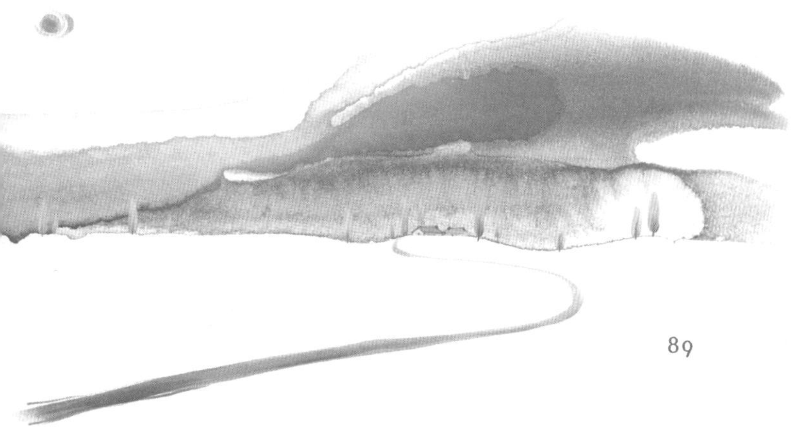

고향의 정

내 고향 언제 가 보려나
산과 물 사람이 새겨진 곳
높고, 푸르고, 정이 있는 고을

어머니 품속 같은 포근하고 따스한
시골 전경이 있어 그립고 정겨운
내 고향의 향기

가고 가도 싫지 않고 그리움에 찬
따스한 온기를 느끼는 정다웠던
내 고향의 정

흙냄새 풀 향기가 구수하게 느껴진
이구섬재를 넘나들던 그곳 그 향기
내 고향의 추억

철없이 뛰놀던 개구쟁이 시절 그리워하며
교정 한편에 앉아 그리워하는 옛 친구들
내 고향의 기억들!

세월을 막지 못해 오십 줄이 다 가고 육십을 넘어
내 모습은 변해 세월이 유수한데 머리엔 백발이 성성한
내 고향의 친구들!

지난 시절 되짚어 행복했던 시절 그리워
얼굴 주름 그득한 동창의 얼굴 사진 보며
고향의 향수를 연상하는 내 고향의 밀어

모진 겨울 추위 이겨낸
푸른 잔디밭 길을 걸으며 아름다움으로
오늘 만남은 헤어지지 못하는 내 고향 예안

고향의 장날

선성산 앞마당 학교 마당 건너에
예안 장날 그리움이
소 장사, 포목 신발 장사, 만물 약장사,

5일장 막걸리 한 사발에 농부 일손 놓고
촌놈 아가들 눈깔사탕 빨다 남기고
새색시 구리분 사러 가네.

예안 장터 가는 날
장터 마루 건너 낙동강 물 어디를 가는지
굽이굽이 가려나 안동 못 가 발병 나네.

영호루 걸터앉아
나그네 풍류 한시에
대설대 썩는 줄 모르고

주객 끌어모아

옛 선비 노닐던 터

도산의 서원 급제에

뒷짐 진 양반들도 돌아갔네

꿈속의 꿈이라도 좋다.

내 고향 예안 장날

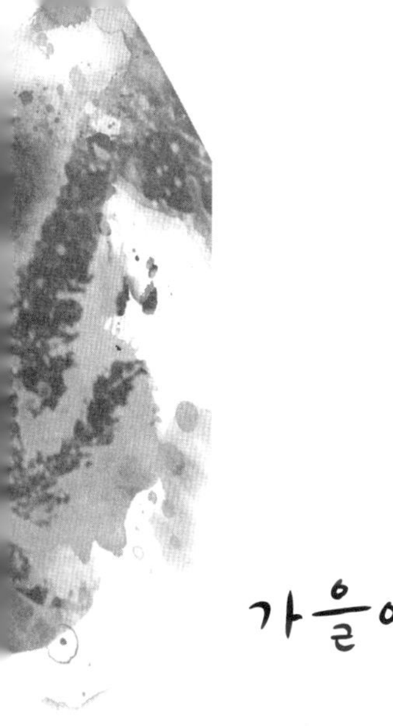

.3부.

가을이 오기 전에

가을이 오기 전에

엊그제 입추였어요
바삐 살다 보면 날짜 가는 것도 잊은 듯
아직도 수그러들지 않는 더위란 녀석은 마지막 안간힘을 쓰고
정말 듣던 중 반가운 소리가 있지.

추우면 춥다고 엄살,
더우면 덥다고 엄살,
인간은 변덕쟁이
하지만 입추가 지났다고 하니 기분은 좋아진다.

가을을 좋아하기 때문이기도 하고,
계절이 이렇게 빨리 가고 있으니 조금은 아쉬운 마음이
가을이 기다려지는 건 나뿐만은 아닐 거라는 생각이었지
더울 만큼 더웠지만,

이제 선선해지면,

여행도 가고, 뭘 할까, 좀 생각해 봐야겠어요

좋은 계절 가을이 빨리 왔으면 좋겠다

힘들었던 올여름 뒤로하고……

꽃잎 사랑과 꽃향기 한 짐 지고

꽃잎 따다 꽃향기 마시며

그대 손등 위에 있는

마음의 향기가 더 진한가 보다.

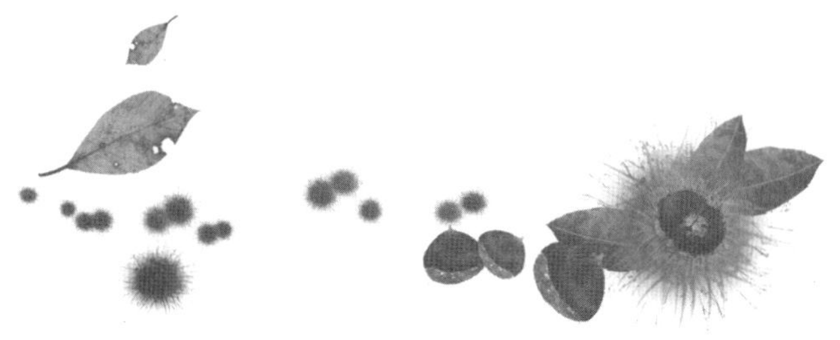

마음의 풍경

가을의 초입에 서서
그림자 그려 봅니다.

신작로 길가엔
코스모스 꽃이 한들거리며 나부끼고,

들판 위엔
곡식들이 겨울 식량으로 여물어 가고,

높다란 하늘엔
고추잠자리 떼들이 야시스럽게 춤추고,

뒷산 산골짜기엔
시냇물 소리가 졸졸 내 귓전에 음률을 놓고,

야산 자락엔
들국화가 너와 내 마음 녹여 향기를 품는다.

세월 속으로

가버린 세월을 두 손으로 꽉 잡아도
그놈은 뒤돌아보지도 않고 그저 가버린다.

내 인생살이도 그러하지요
30여 년 길고 긴 세월 속에서!

정든 이는 반백에서 온백으로
그도 가고 나도 갈 곳을 찾아본다.

드라이버, 집게 함부로 버리지 마소
타자기 웃는 소리 토닥토닥 글 써내려간다.

볼트 하나 소중히 여기던 그 영감님도,
도금집 사장님은 돼지우리로 변해 없어졌는가 하면,

성격의 일인자 그분도 떠난 지 수-년,
서울 사무기친목회 상석 자리 그 영감님도 떠나버렸노라.

타이피스트라는 단어조차 사라진 이 시대에
안경 너머 스마트폰에 빠졌노라.

선배님이 아낀 그 자리
그 공간은 먼 옛날이 되었고,

2벌, 3벌, 표준 자판, 4벌 김동훈식도
내 손끝에만 남았네!

서울을 지킨 선배님의 이 자리가 친목회로다.
내일을 지킬 후배에게 물려주기 아까워라.

그려, 한 달에 한 번 얼굴 그리워 여기 왔노라.
그저, 건강하게나, 가신 님 그리워하지 말고,

이 자리 채워 준 저놈 술 한 잔 기울여 보세나!!!

남산의 가을

가을비는 내 등 뒤로 날리고
청록색이던 남산은

한 방울의 가을비에 젖어 물들기 시작한다.
노랑, 주홍, 빨강, 적갈색으로…

싸늘하게 불어오는 가을바람이
머리카락 날릴 때쯤

남산 머리는 붉은색으로 물들어
며칠을 지냈나 보다.

얇은 옷에서 두터운 옷으로 갈아입을 때
남산은 헐벗기 시작한다.

한 잎, 두 잎 떨어져
가랑잎 날리며 숨소리 가파르게 쉬어간다.

님의 멋진 다리도 두터운 옷으로 감싸고
찬바람 쉴 새 없이 불어오면,

그대 가슴속 스며들어
내 마음도 녹아내린다.

가을비는 그렇게 왔다가
님과 같이 가버렸나 보다.

그리움

그대 얼굴!
그림으로 그려 볼까?
글로 써 볼까?

아니 아니야, 마음속 깊이 새겨 둘 거야!
가시덩굴을 헤매어 찾았단다.
그대는 가고…

바람 부는 날 바람 맞이하러 갔었단다.
그대는 없었다오.
찬 서리 내려 엄동은 지났네!

그대는 숨었네!
새싹이 움트면 그대는 온다더니 흔적도 없네
그대는 어디에!

한 해 두 해 세월은 가고
어언 십 년이 흘렀는데
쓰다 쓴 못다 쓴

그 길고 긴 글월은
어드메에?
이젠 불태워 버렸다오…

달력 장의 낙서

한 해를 보내는 마지막 달력 장을 보며
새해 새봄이 다가오는 날 앞에서

아직 남아 있는 시간들을
마음속 깊이 고마워한다.

또 한 해가 가버리는가? 하며
내 마음 우울해 한탄가기보다는

하얀 백지 위에 그리운 마음으로
님들의 얼굴을 그리듯이 달력 장 속으로 들어가

그날을 위에 시커멓게 표시해둔
세월의 이름 석자도 보내고 나면

마지막 남은 이놈도 가야하는
아쉬움이 그리움으로 지난날로만 기억해.

할머니 사랑 얘기같이 아랫목 이불 속에서
따뜻한 군고구마 먹으면서

좋은 얘기가 아름다웠던 것처럼 생각해
추억 속으로만 남는가 보다.

고향 친구

해마다 이맘때면
어린 그 시절,
그리운 친구가 생각난다.

까까머리 어린 시절!
학교가기 싫어
낙동 강변 산비탈에 앉아

도시락 까먹던
오줌싸개, 코흘리개 그놈들은
서울 하늘 올라갈 생각만으로!

항상 봄처럼 꿈을 가지고
친구와 教(교)라는 것이 있다는 것을 잊지 말자고
맹세하던 그날들은!

벗이 있기에 울타리가 있었고
벗이 있었기에 정이 있었지만,
아름다움이란 벗이 있기에 낭만을 먹고 살았다.

이 한적한 고향을
늙어 버린 우리네들은
어린 동절에는 아니었다고.

그날 그리웠던 벗의 동절 생각에
강변들의 뚝은 온대간데 없어도
항상 나는 봄날 내 벗들의 꿈만 꾸었나 보다.

벗이여 찬란한 그때처럼!!

무제

지나는 것은 그림자
앞에 보이는 것은 망상

어제오늘 지나 한 발자국 앞에서
우리는 무슨 생각을 하나요.

이별보다 만남이 더 가까이 와 보여
뒤를 보지 말고 앞만 보자고.

우린 그렇게 함께 달려와
인생 바쁘게 달려 사랑 찾아 인생 찾아

꿈의 가로수 뒤에 서서
어제오늘 그랬듯이 기다려 보자.

내일 온다 하면

보이는 님은 없어도 기다린다.

항상 그랬듯이…

法古創新(법고창신)

욕심은 묻어도 되살아나고

의심과 근심은 심어도 꽃으로 피지 않는다.

소망이 애벌레라면 희망은 나비다

소망은 적당할 때 희망으로 환승해야 한다.

밑 빠진 독에 물퍼붓기

밑 빠진 독에 물주면 콩나물은 자란다.

연

그는 어느 곳에도
우린 靈感(영감)으로 통한다.

근연으로 떠나보낸
세월이지만, 방황하지 말자고

장엄한 일출 바라보며
바다를 가르는 파도 속 물결을 따라가

내 마음속 깊이
네 가슴속 깊이 고이 간직하려 한다.

너와 나의 과거가 잠들고
세상을 씻기는 태양의 빛 속에

내 사랑 숙이 품속이 좋다!!

새벽을 여는 광선이 하늘을 붉게 할 때…

갑천의 숙이 품속이 좋다!!

그리움 2

당신과 나 만나
이성을 논하지는 말자고

우린 옛날 그랬듯이
그 정 상처를 치료하고 싶어

못 할 말도 없고 해야 할 말도 많은데,
서로가 제 갈 길을 가야 하나 보다.

이젠 서로 만나 얘기 좀 할래요?
서로가 상대방 아픈 상처를 치료해 줄 수 있으면 한다.

당신은 나를 잊었지만
난 당신을 버릴 수가 없나 봐요.

사진첩

어느덧 훌쩍 커 버린 두 아들들!
아들 양어깨에 손을 걸쳐 올리고

야생마처럼 자란 아들이 아빠의 빈자리를 대신하고
울산 태화강 변의 연말 축제 속의 그 모습

참으로 뜻 깊이 파고드네!…

강변의 찬바람, 방패의 양 날개
두 아들 버팀목이 한 장의 도화지 그림 속으로

세월의 흔적도 남기지 않고
떠나가 버렸나 보다…

행복 속으로…

소망

새해 첫 절기 '立春(입춘)'
"立春大吉(입춘대길)" "建陽多慶(건양다경)"

봄님이 오신다더니
언 밤 폭설에 발 잠겨

소복이 쌓인 눈 살며시 뽀드득 소리 내며
조심조심 설날 기다리네.

하루 이틀 내일 모레 설날
손자 세뱃돈 신권으로 바꿔 놓고

언 날을 기다리고 기다리며
방문 대문을 못 넘고

창틀 건너 남산은
하얀 뭉게구름처럼 보여

저 구름 하늘 속처럼
들어가 훨훨 날고 싶다.

새해는 그렇게
꿈으로만 가지려나 보다.

그대 곁으로

눈 속에 고이 핀 복수초를 보았는가?

모진 바람 모진 겨울 속에서도 꽃은 핀다.

올봄 당신과 나는 어드메에

연분홍 봄맞이 진달래꽃 따러 가자꾸나.

누가 버려두었는지 몰라도

한 잎은 남았더란다.

내일 우린 희망으로 맞이할 때

당신도 그림 그리겠지.

좋은 밤 꿈길에서…

어제를 잊고 사는 사람들!

고향의 설맞이

설을 기다리는 마음은
시계바늘 돌아가듯

고향 마을을 향하고
내 마음 가는 대로 발길을 옮겨

따스한 어머니의 사랑이
봄나물처럼 돋아나는 고향 품속으로…

하얀 눈 덮인 어느 산골 마을은
고향의 다은 듯 가슴 설래

가만히 있어도 가는 세월 속에
가고 싶은 고향의 설!

무거운 짐 걸터 메고
고향의 철길에 매달려 본다.

그리움이 있는 별들의 사람들이!……

바램

사랑으로 시작되어 기쁨으로 만나
행복으로 끝나는 날이!

아름다운 사랑 뒤에는 이별이 있고
미웠던 사랑 뒤에는 그리움이 있다.

세월은 그저 흐르는 것이 아니라 세상 모든 것을
조금씩 자라게 하는 법

지쳤을 땐, 뒤에서
즐거운 땐, 앞에서
위로할 땐, 옆에서
항상, 당신과 함께

지나간 날을 추억이라며 당신의 미소를 지울 때,
앞날에 보이지 않는 당신의 행복이 보일 때,

아이들 마음처럼 해맑음을!

부모님 마음처럼 사랑을!

선조님 마음처럼 복됨을!

나는 오늘도 두 손 모아 기도한다.

3월에

우수, 경칩 사이에
언 날씨 3월을 바라본다.

언 땅 녹이려
너와 나는 시냇물 소리 속으로…

삶의 꽃 피우려
희망을 어깨에 짊어지고

호숫가 물안개가
살포시 피어오르고

들판 위 햇빛이
그대 얼굴 비추고

앞산 산들바람
봄소식 전해 오고

저 하늘 조각구름은
변덕스럽게 사라지지만

오늘 너와 나
초록의 길 연가로 달려간다.

서울의 명가촌

서울의 명가촌
삼성, 청담, 논현동
길은 사통 팔방 바둑판,

지하철은 2, 3, 7, 9, 분당선으로
저기 다니는 차 좀 보소
벤츠, BMW는 일반적이고,
포르셰, 벤틀리, 마세라티, 롤스로이스가 뭣고

이름도 모르는 커피집에
이 아가씨 보소 양악 했네
아니 저 처녀 눈, 코, 입술 수술에
보톡스는 기본이고,

저 할멈 보게나 손에 든 핸드백
샤넬 가방에 귀걸이 팔찌 1캐럿 다이아 반지
신발은 이태리제 뭐여!

저 아저씨 점심 메뉴 보게나
청담 사거리 양식당에서
10만 5천 원 불란서 요리 처먹네

아이고 울화통 터져
학생에게 길 물어봤더니,
알아듣지도 못하는 말
코쟁이와 대화하듯

못 살겠다 집에나 가자.
우리 동네 달동네
산비탈 엉거주춤 걸음질로
조심조심 걸어서

몇십 분을 걸었는지는 몰라도
숨은 목구멍까지 차는데,
우리 영감 어디 있는고
나 죽는다 애달프구나.

봄날의 이별

봄의 만남은
잠시 스쳐 가는 아지랑이 인연일지라도

오늘이 마지막인 것처럼
다시는 뒤돌아보지 않을 듯 가지만

헤어지는 뒷모습이
아름다운 사람이 되고 싶어 한다.

봄의 인연이란
어떤 모습으로 언제 다시 만날지 모른다.

헤어져 만나지 못할지라도
좋은 생각만을 기억하고 싶고

상처만을 남긴 인연들은
마지막 모습이 아름다운 사람으로만 기억하고

꿈을 꾸던 봄의 인연은
가슴속 깊게 스며들었던 애정도 녹여 버린다.

고요히 흘러가는 삶의 강물처럼
언젠가는 헤어짐의 아픔도 잊혀져

이별 그 하나만으로도 슬픔이기에
서로에게 아픈 상처를 주지 말자고,

살아가면서 만남과 헤어짐은
인생의 흐름이 변해 가는 삶의 진리니,

봄날의 심어둔 씨앗처럼
오늘 인연의 것들을 모두 거둬버리자.

어느 결혼기념

30년의 세월을 함께 해 온
갑군과 을양
오늘 먼 길 떠나 새로운
언약을 해 본다.

바닷가에 밀려오는 파도에 부딪혀
아팠던 날은 다 삼켜버리고
새로이 밀려온 파도에
새 희망으로 바라본다.

새벽을 여는 바람
여명을 가로지르는
태양의 빛이 하늘을 붉게 만들어
가슴속으로 안낀다.

장엄한 일출 아래
파고드는 파도처럼
새 희망이
새 날을 밝혀줌은

결혼기념일을 축하하듯
가슴속 이글거리는 태양처럼,
저 멀리 지평선을 바라보면서
사랑한다고!…

한 나무 한 뿌리로 인연 맺어
부딪침 없이 묵묵히 인내하며 살라 온 당신!
앞으로 신발짝 하나 없어서도 안 되는
행복하고 소중한 삶의 짝으로, 큰 길을 걸어가 보자.

청계 황학장터

사람 발길 닿는 이곳
일요일만의 인간 풍물 시장
황학동!…

이들이 울고 간 자리
님들이 웃고 가는 거리
참으로 사연도 많다.

그 사람 내 사랑의 그림자 속에서만
웃고 있는 걸까?
모든 이들의 상처에만 얽매인 이들!

당신은 코웃음 쳐도
이곳의 만물 골동품들이
우리네들 행복한 거리 황학동 풍물 시장

그건 모두가 밟고 밟히고 간
그 자리가 아름답게 보이는 건
풍물 시장의 사람인가?

그들 모두가 일천 원에 목을 매고
헌것 새것이 따로 없듯이
당신과 나는 나눔으로 정을 느낀다.

청계천 판자촌은 온 데 간 데 없고
만화가게, 연탄가게, 모형만이
자리를 지키고

계천 건너편 발가벗고 물장구치던
녀석들은 흰 머리 염색되어
세월만 아쉬워하고

동전 닢 풋내기들의

장사치들 놀이터

황학동 갔노라, 보았노라.

이 시간 골목에는 1천 원짜리 점퍼, 1천 원짜리 청바지에

1천 원 국수며, 5백 원 오뎅에 탁주 한 사발이

허기진 배를 채워 주고

이곳저곳 어느 곳이든 남녀노소 인간 시장

외국인 장터 황학동 물품 시장

오늘 해 넘기기 전에 10원짜리 하나 사고팔려나 보다.

오계

봄, 여름, 가을, 겨울
그리고 나의 계절 심계

봄은 봄바람에 날려 봄이요
여름은 더위 때문에 여름이고,

가을은 누군가 올 것 같은
쓸쓸해 보여 가을이며,

겨울은 어딘가 모르게
뉘 찾아와 마주 앉아 얘기 나눌 수 있어 겨울이고,

심계는 나만의 모든 것을 가지고
버리기도 하는 그 모든 사연의 계절.

* "꽃을 떼어 나무에 접목시킬수 없고, 빨리 자라라고 모를 뽑다가는 그르치기 마련이다."

봄의 告(고)

봄바람 아낙네들 들판으로
몰아내고
봄바람 남정네들 속옷
벗는데

개울가 버들강아지
물오를 때쯤
개똥밭 콩깍지, 냉이 나물
식구들 입맛 돋우는데

봄은 그렇게 왔다가
진달래꽃 피는 듯하다가
벌써 저만치 가버렸나 보다

올봄 산수유 개나리꽃도
못 본 듯
가버렸나 보다

초가집 가족

한울타리 한 식구
바람이 불어도 바람이 없는
초가지붕 밑에
다섯 식구 한 가족!

아비의 기침 소리에
놀란 자식 놈들
발걸음 소리에도 놀란
짐승들

동네 어귀 아범 기침 소리에
놀란 어멈,
고무신 거꾸로 신고 대문짝 마중 나가
서방님 허리춤 장 보따리는 온데간데없고

오밤중에도

우리 가족은

초가지붕 속으로

잠자리 청하나 보다

* 그림자는 자기를 따라다닌다. 자신이 자기 그림자에 서 쉴 수는 없다.

풀잎 사랑

오신님 풀잎 사랑
가신 님
먼 사랑인데

사랑하던 님의 숟가락 소리
온 동네 휘 젓는데
한 솥에 담긴 사랑

내 서방님 눈 빠지게 기다림 속에
옆 자리 비워도
울 서방 어디메

못다 이루고 간 당신 미워
저 놈은 아니겠지
가신님이여!

다 보내고, 세월 속에 묻혀진

우는 님!

웃는 님!

* 서서 기다리는 것보다, 앉아서 기다리는 것이 낫고,
 걸어서 가는 것보다 달려가는 자가 빠르다!

나비 인생

나비는 날개를 잃으면 생을 다하고
벌은 양쪽 날개를 잃어도
침으로 항쟁하건만

이놈은
한쪽 다리 부상으로
모든 것을 잃은 것인 양

늘어진 양 어깨사이로
얼굴 파묻고
한숨만 내몰아쉬지만

왜, 이다지도
못난 사람이 된 건지
나도 모른다

오늘 날개 꺾여
할보 할 수 없는
나비 인생이라지만,

한때는
땡비라는 삶이
참으로 아름다웠다네

나비인들 어떠하리
땡비인들 속마음 알소냐
놈이여, 등 돌리지 말게나

잔디밭에서

무언가 문을 열어 펼친다.
푸르름 잔디 위
그림자 하나

연한 잎 잔디밭 밟으며
새해 약속했던 것처럼
어머님 마음속으로…

간혹 고목나무 지나
따사로운 햇살 맞으며
호수 골짜기를 돌아서면,

내 이마 위에 햇살 닿아
발걸음을 재촉하기도 하고
흰 알의 공을 멀리 보낸다.

아담하고 정답고 부드러운
호숫가 연푸른 그늘 집 아래서
막걸리 한 사발로 숨 돌리고,

다시금
잔디밭 촉감에
심신을 흔들다가
금세 저 언덕 위 진달래꽃 사이로 숨어버린다.

갑천골

연한 잎새가
산과 들로 가족들의
나들이 손짓하고

흙 내음 곁으로
시냇물이 양념하듯
졸졸 소리가 비빔하여

지난 피로도 모두 잊어버리고
사랑하는 가족 앞에서
즐겁고 행복함이 엮겨워

새싹 햇나물 반찬으로
정성 어린 차림이
군입 헛침 삼키는 소리가

봄 마중 나온 님을
갑천골 길목에서 기다림이
어미의 봄꽃 소리 화들짝 놀라도

꽃이 피고 지는
계절은 오고 가건만
가버린 세월을 아쉬워하지 말자꾸나

여인 골짜기

연초록빛의 5월이
나를 대관대리 계천으로
몸짓해 부른다.

들판, 언덕을 지나
자그만 산골 마을
갑천 대관대리 촌락 뜨락에!

따사로운 햇살 속에
간혹 봄바람이 콧속 깊이 스며들어
꽃향기와 어울려 속도를 재촉한다.

굽이굽이 올라가노라면
강줄기는 더위를 몰고 와
강가에서 세월을 낚는 강태공 부럽기도 하고,

활아지교를 지나고
가슴속 깊이 스며드는
옛 그곳에 왔지만!

이곳은 공허 속으로만!
옛집, 옛사람은 온데간데없고
휑한 집터만이 새봄을 맞고 있네!

앞산은 옛 그대로 푸르고
섬강 물은 지금도 세월 가듯 유유히 흐르는데
옛님은 어드메요

옛 촌로는 어드메요
앞 텃밭 감나무와 난초는 그대로
그 옛날처럼 누군가 오기를 기다린다.

어느 모임

오월의 달력 장은
하나의 색채가 바래진
옛날의 긴 그림으로만 남고
오늘 만남은 내일의 서사시로 맞이한다.

한 해가 훌쩍 지나
오늘 유월 초입에
새 달력 장 펼쳐
새로이 인사하는데!!

꿈 많던 그 날을 뒤로한 채
나는 떠난다 하네
그저 아무 일 없었던 것처럼
후임자의 함성 아래
홀연히 가련다.

친목회란 낱말이
왠지 어설퍼 보이는 듯한
저의 행동은 어찌했는지
뒤돌아보고 싶다.

죄송합니다, 미안합니다,
고맙습니다, 사랑합니다.
한 번쯤 나 자신을
깨닫게 하나 보다.

선배님

6월의 나뭇잎이
바람에 흔들리고
하루해가 가는가 보다.

그 긴 세월!
님의 말씀에
그만 정신 들어
난 황홀해 가슴을 쓸어내리고픈!

님의 발자취가 두루마기 휘감듯이
세월을 쌓아 온 기나긴 세월이
참으로 아름답게 도화지 펼쳐
그림으로 그려 본다.

세월은 그렇게
추억을 먹고 살았지만,
가신 님도 있고
오신 님도 있는데

한결같은 그 정성, 그 정기
대청마루 걸터앉아 지난 세월 장부하니
고서처럼 엮어진 세월은
영원하리라!

각

모난 성 가진 이름 “각”
둥글다고 한 놈은 “원”

모진 풍파는 각에서 나와
홀로서기 역겨워

나라 잃은 혼님도 각에서 나와
돌고 돌다 보니

오늘 원에서 살지만
옛적엔 각에서 나왔도다.

나도 각진 데서 태어나
갖은 고초 겪으면서 원이 된 것은

세월 속의 각에서
돌고 돌아 깎여 원이 되었도다.

* 험한 길을 걸을수록 인내는 더 강하게 되는 법

작은 소망

내 작은 가슴이
순수한 자연 속으로 파고들어 가고파

잔잔히 파문을 일으켜
자연 속 깊이 들어가

순수한 자연을 돌아다니며
늘 산과 들을 좋아라 헤맸더란다.

언제가 될지 모르지만
푸른 초원 위에 좋은 꿈만 꾸어 가며

자연의 맑음이 좋아할
그 계절 지나고 나면,

내 마음도 풍성하게 만들어져
작은 꿈이 그림으로 완성되어

꿈속에 항상 현실이 있듯이
자연의 들판 위에서 작은 소망의 꿈을 꿔야겠다.

기다림

혼자 우두커니 있는 시간들이 많다 보니…
정말 삶의 우울함이

사랑의 시작이 있는 곳
이 순간이 기쁠 수 있는 것은…

내일이 있기 때문
대화는 사랑을 위한 처음이고…

그 사랑은 내일을 기다리는 이유고
내 삶 속에서 영원히 사랑으로 남을…

어제와 오늘, 아니 내가 알 수 없는 내일까지도
함께할 수 있는 사람이 당신이었으면 좋겠다.

배고픔은 참아도 외로움은 못 참는
전 언제나, 가슴 설렘과 기다림뿐…

님의 술잔

바람 불어 좋은 날에!
가을바람이 불어 좋아

그리운 님!
산사에 홀로 가부좌를 틀고

맞바람 맞아 보구려
술잔 빈 줄 모르고

잔 위만 바라보는 구려
님아! 웃어나 보자

기우는 잔 속에
기쁨이 있고

찰랑이는 잔 속에
웃음이 가득하니

맞바람 맞지 말고
잔 속에 빠져들어

달콤한 한 잔의
술로 웃어나 보자

숙에게!

목련꽃이 피었나 했더니,
개나리가 웃음을 짓고,
개나리가 지는가 하더니
진달래가 만발했더라
그럼에 어느덧 오월을 접하게 되었다오.

그! 오월 어느 날!

따가운 햇살 아래 졸음을 더하는 계절
눈을 살며시 감고 단잠을 자고 나니,
그리운 얼굴들이 내 앞에서 서 있는 것 같군!

단발머리, 덧니가 살며시 미소 짓던
그 학생이 나에게 살며시 다가와
천연덕스럽게 그리던 그 나날들…

그때 나는 이렇게 말을 했더란다.

한 떨기 새싹이 나
꽃이 피고, 지고
열매를 맺을 때까지
떡잎은 영원하리라!!

태양아

밝아오는 태양아!
빨리 빨리 떠올라라.
지금 이 시간에 어느 곳에 빛을 내어주고 있느냐?
나도 너의 빛을 따르니

땅에 고요히 잠들고 있는 젊은이를 위하여
빛을 내어주어라.
밝아 오는 아침을 기다리며 고요히 잠들었나니!
먼동이여 터라.

너의 빛을 기다리나니.
붉게 타오르는 너와 같이 젊은이의 가슴속도
붉게 타오르고 있다오.
젊은이의 하루 일과도 너로부터 시작되노라!

네가 노을 수놓을 때
우리들의 가슴은
밝아오는 새 아침을 기다리게 되노라.

다루기 힘든 태양아!
너는 이렇게 창문을 통해, 커-튼을 통해
우리를 찾아오느냐?

너의 운행에 따라 우린 변화되어야 하느냐?
생활과 계절도 변화되어야 하고,
너로부터 우리의 운명도 좌우되어야 하느냐?

왜? 너는 自光(자광)을
그처럼 거룩하고 강하다고 하느냐?
그러하기에 너는 떠올라야 한다.

태양아!

아득한 세월

오신다던 님은
세월 속에 오지 않고

함께했던 그님은
세월 속에 떠나버리고

기다린다던 곳에는
그림자도 보이지 않는

가는 세월 속에
가버린 님도 아득함이

좋았던 일들이
아름다움을 낳고

슬펐던 그날은
아쉬움만이 남았고

애절하게 보낸 그날은
미련만 남아

모두 함께한 마음은
잊혀지지 않는 무거운 짐지고

그렇게 지나간 戀(연)들은
모두가 아득한 세월이였다고……

초판 1쇄 인쇄일 2014년 10월 28일
초판 1쇄 발행일 2014년 10월 31일

지은이 신경순
펴낸이 김양수

펴낸곳 도서출판 맑은샘
출판등록 제2012-000035
주소 경기도 고양시 일산서구 중앙로 1456 604호(주엽동 18-2)
대표전화 031.906.5006 팩스 031.906.5079
이메일 okbook1234@naver.com
홈페이지 www.booksam.co.kr

ISBN 978-89-98374-88-4 (03810)

「이 도서의 국립중앙도서관 출판시도서목록(CIP)은 서지정보유통지원시스템 홈페이지(http://seoji.nl.go.kr)와 국가자료공동목록시스템(http://www.nl.go.kr/kolisnet)에서 이용하실 수 있습니다.(CIP제어번호: CIP2014030894)」